# DÌa en la playa
## Para colorear

**Coloring Pages for Kids**



Coloring Pages for Kids
An imprint of Ciparum LLC

DÌa en la playa para colorear
© 2017 Ciparum LLC
All rights reserved.
ISBN-10:1-63589-396-8
ISBN-13:978-1-63589-396-0

**Coloring Pages for Kids**

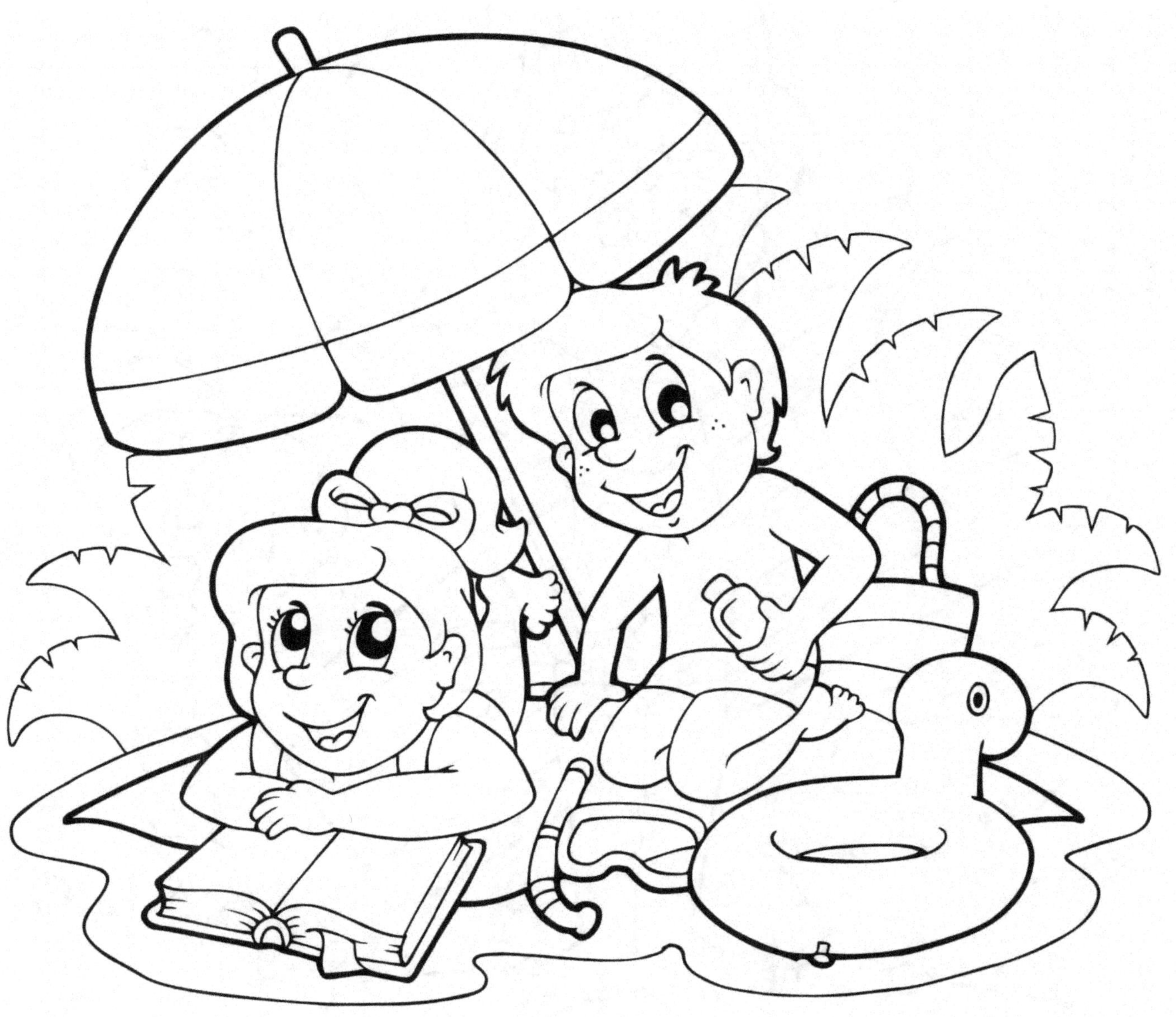

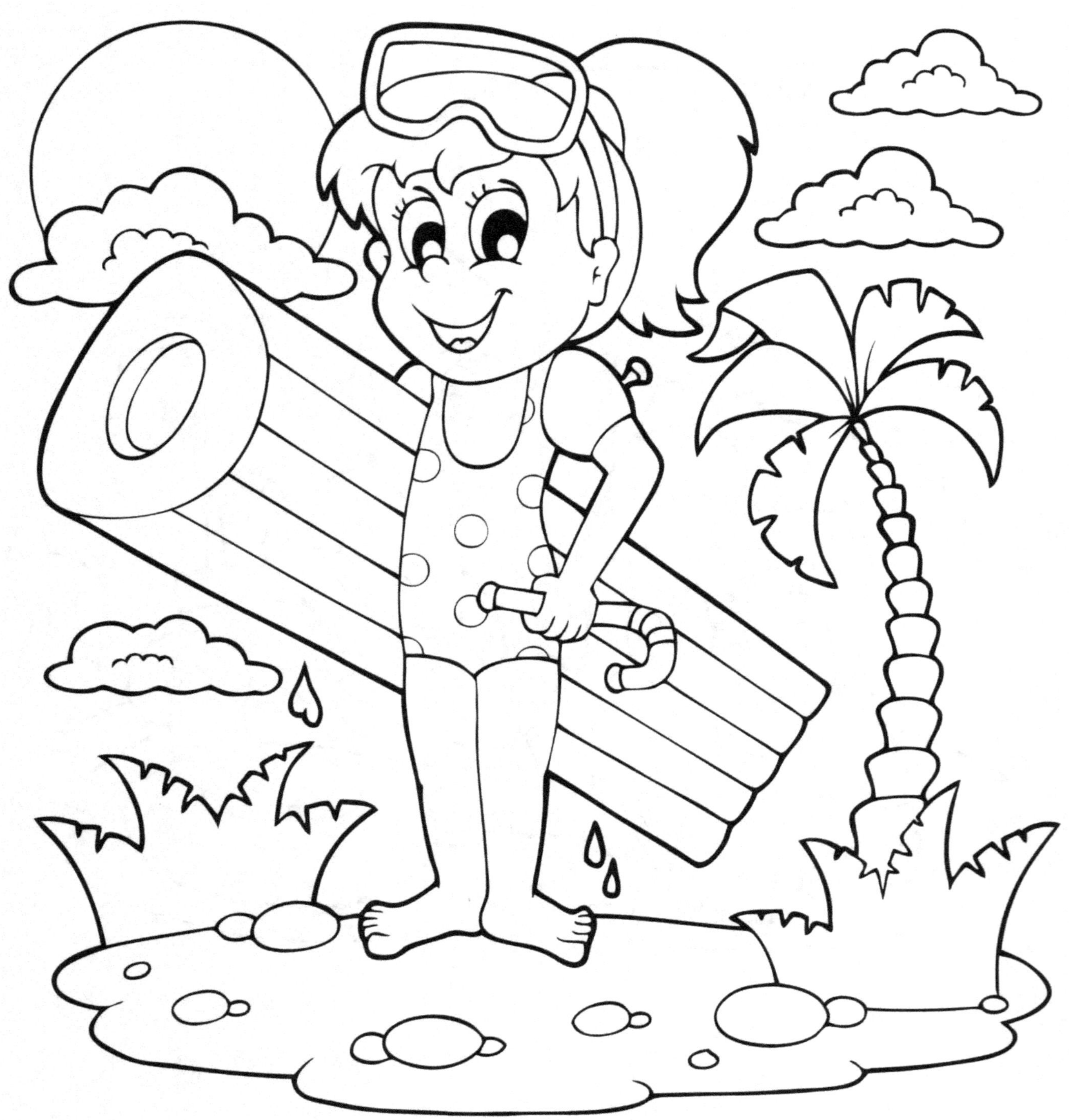

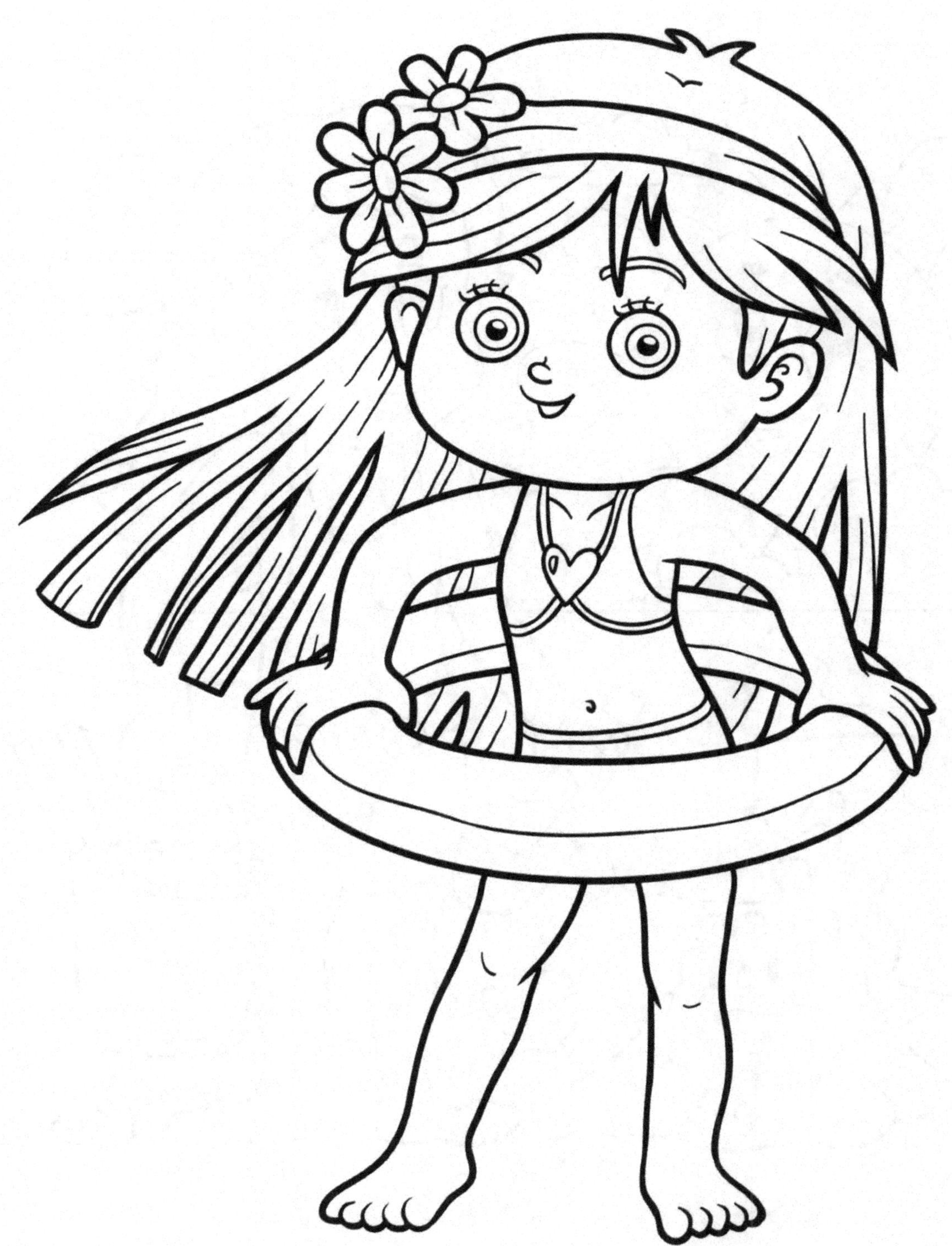

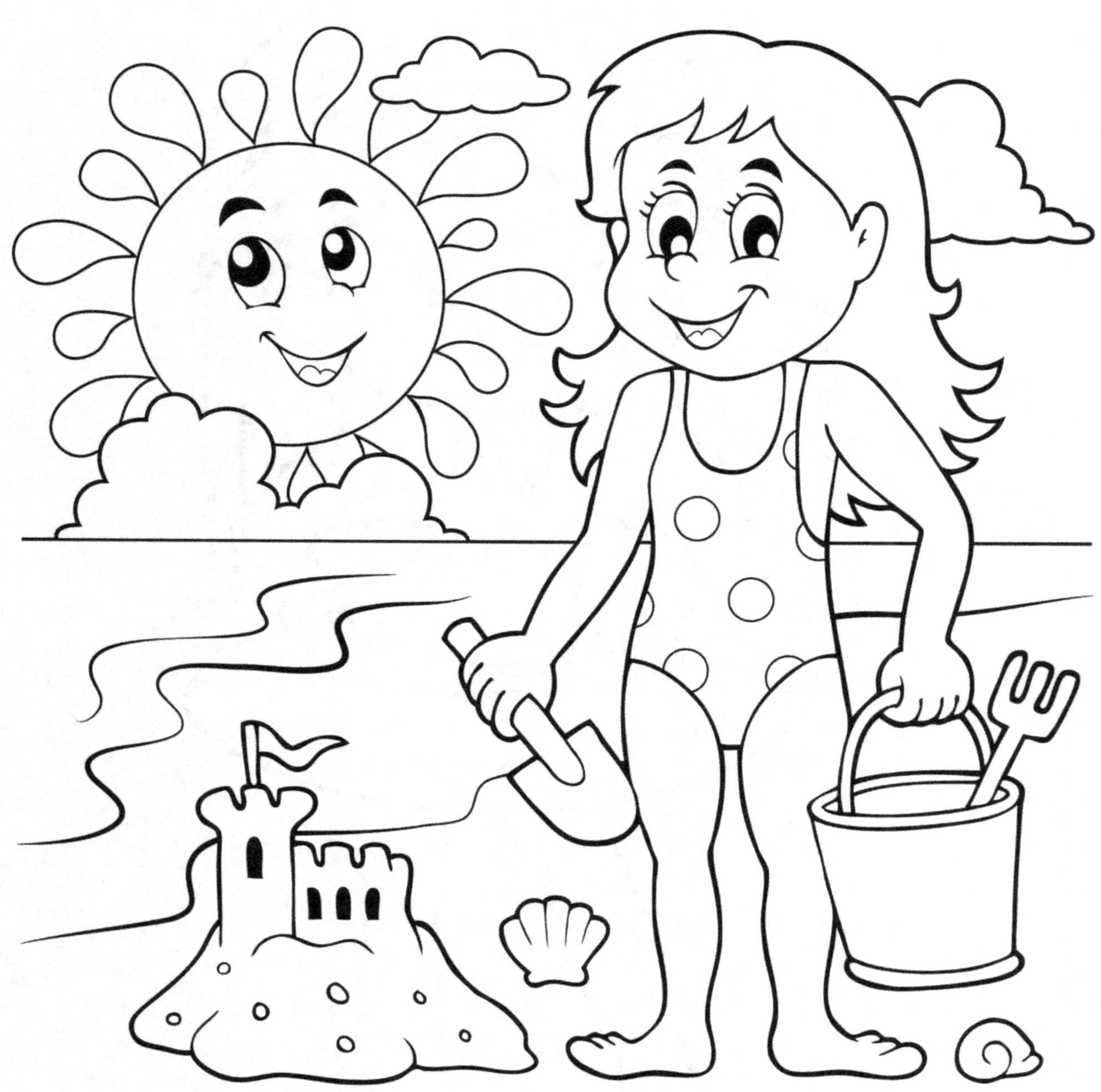

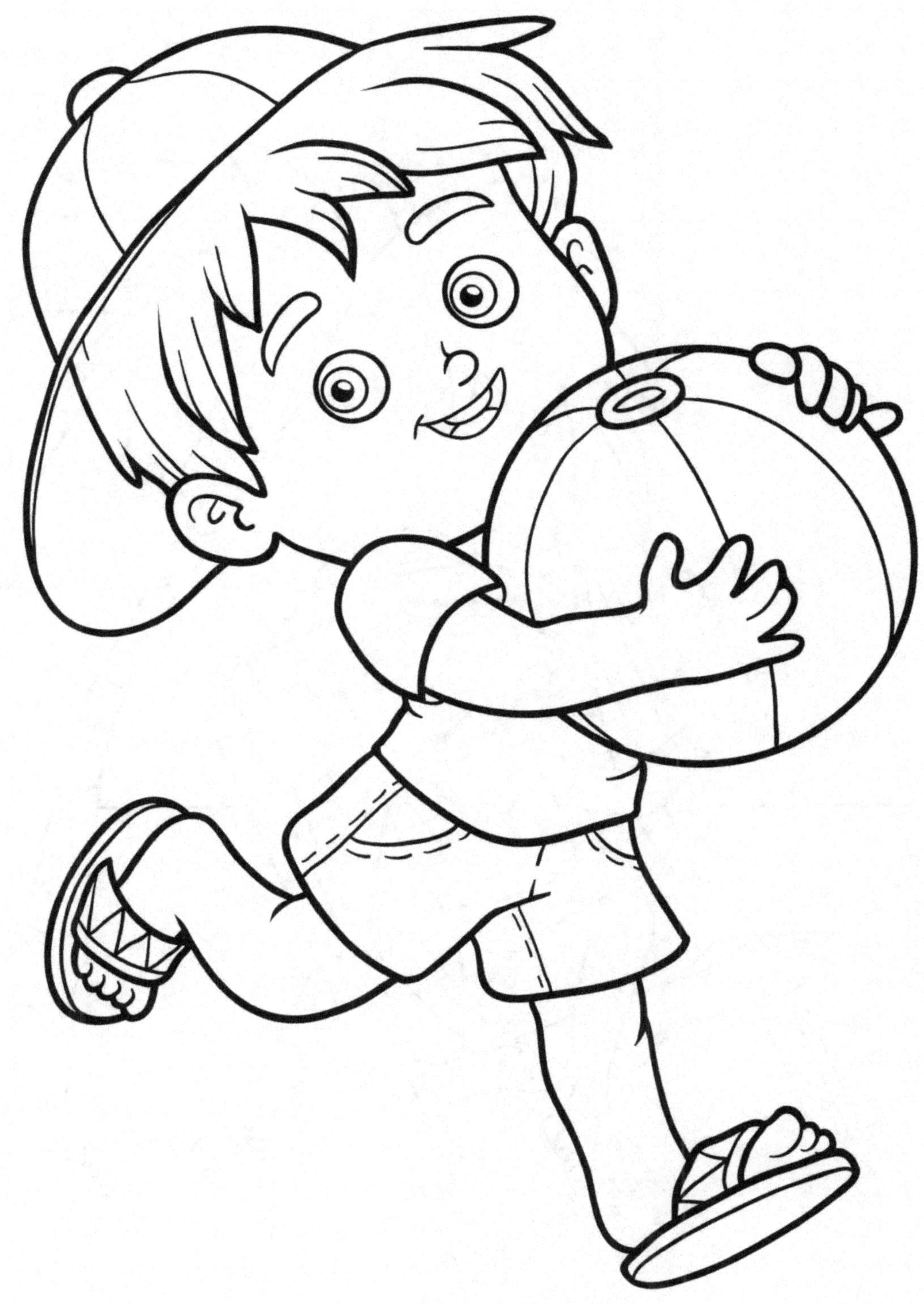

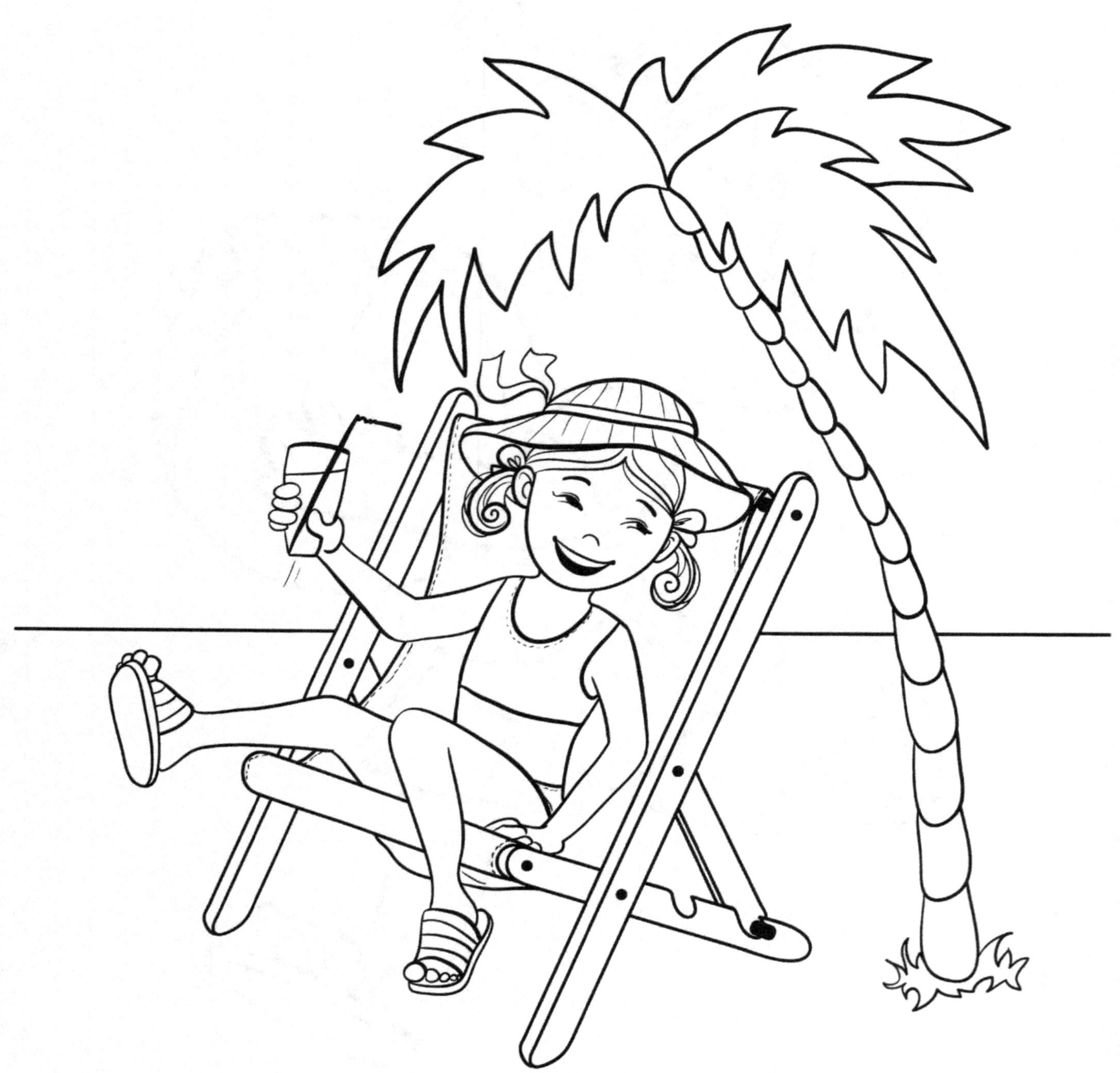

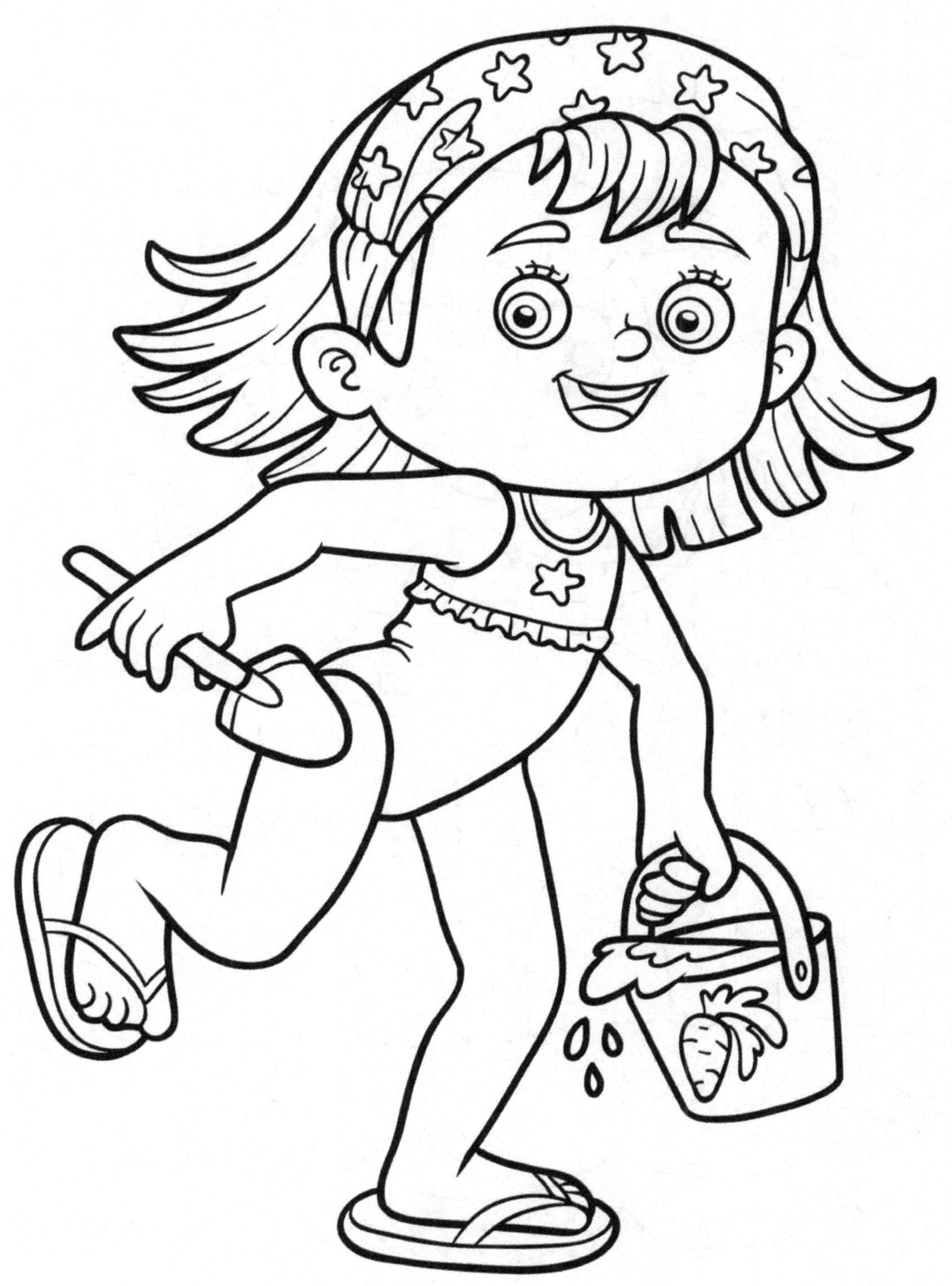

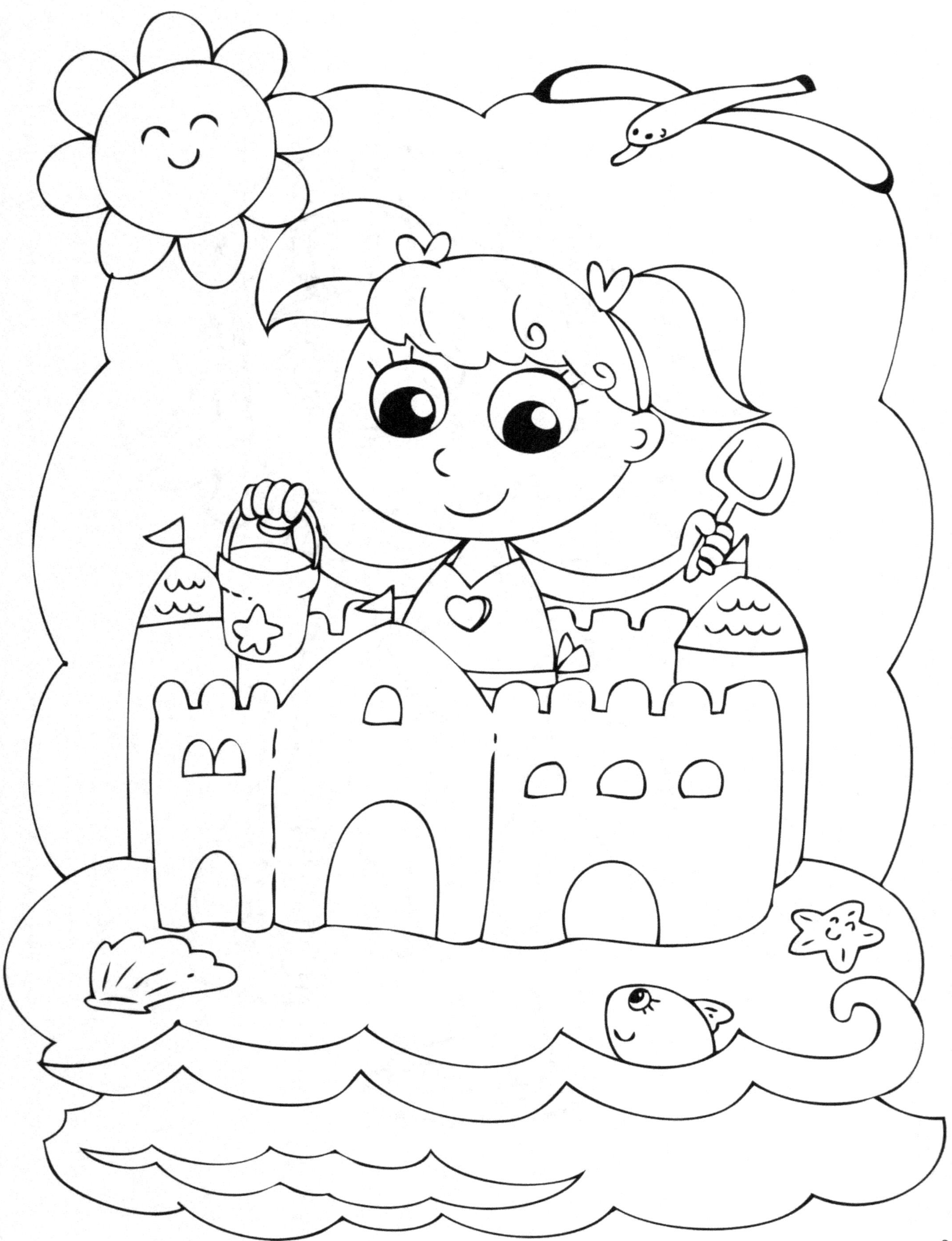

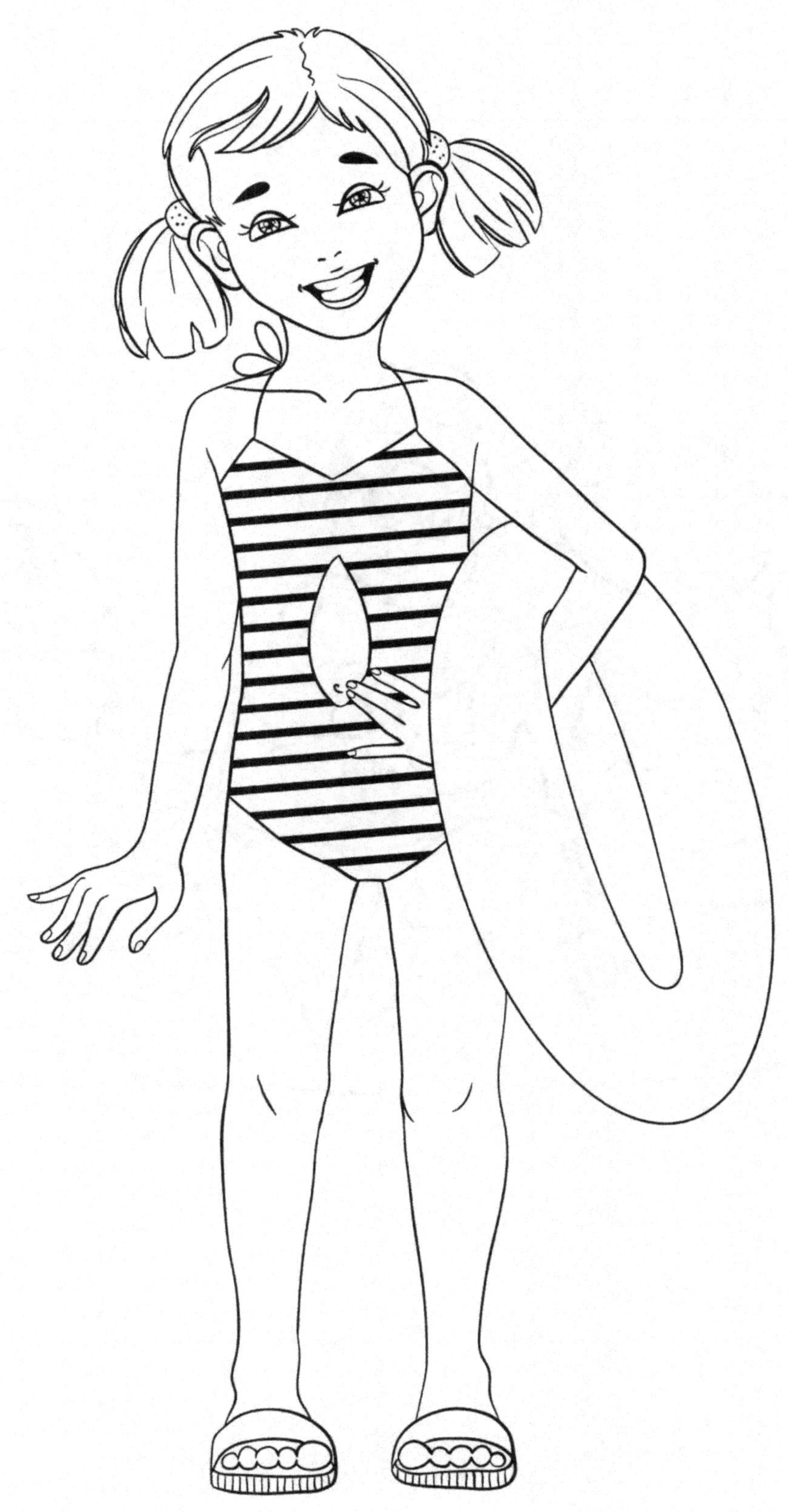

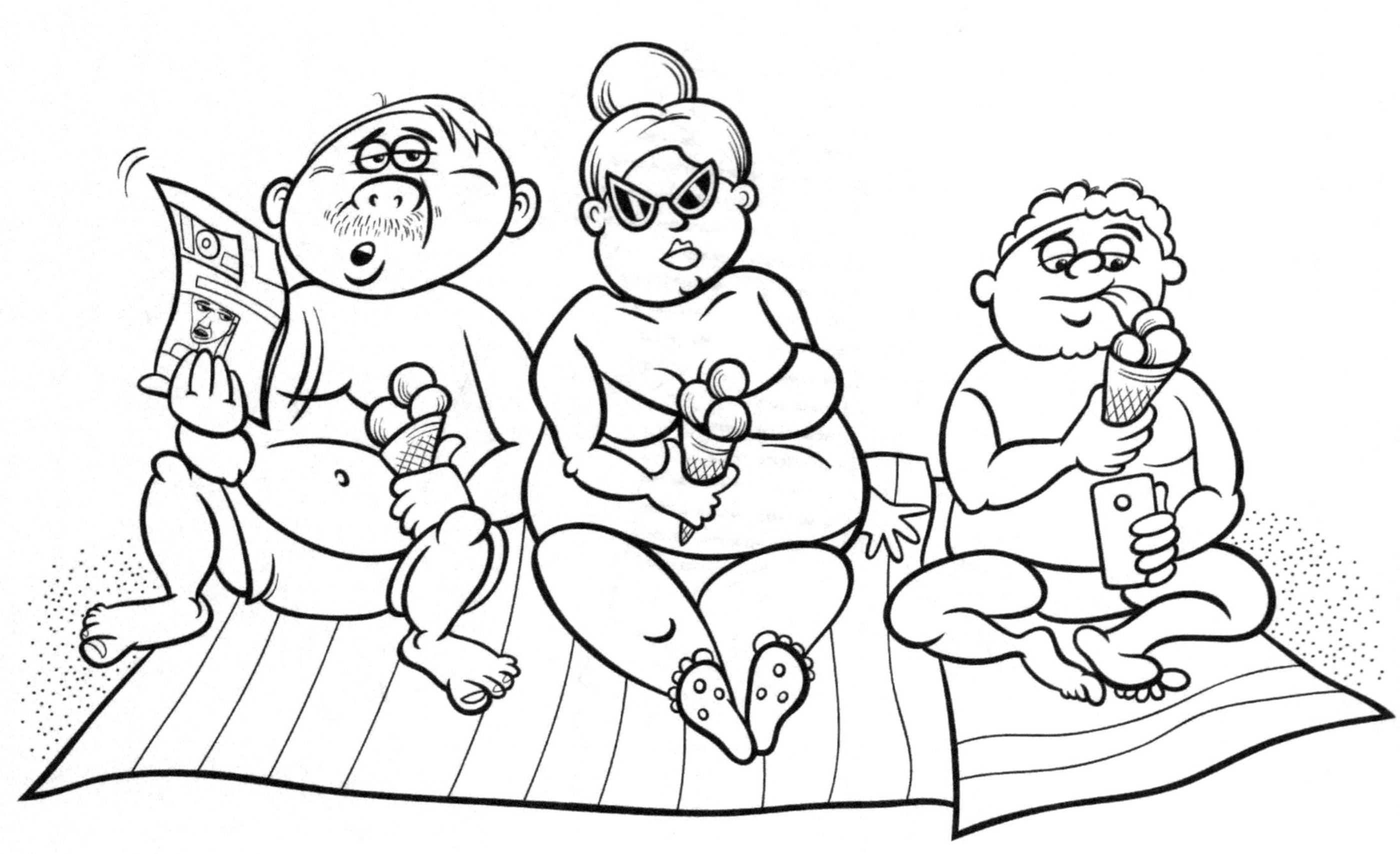

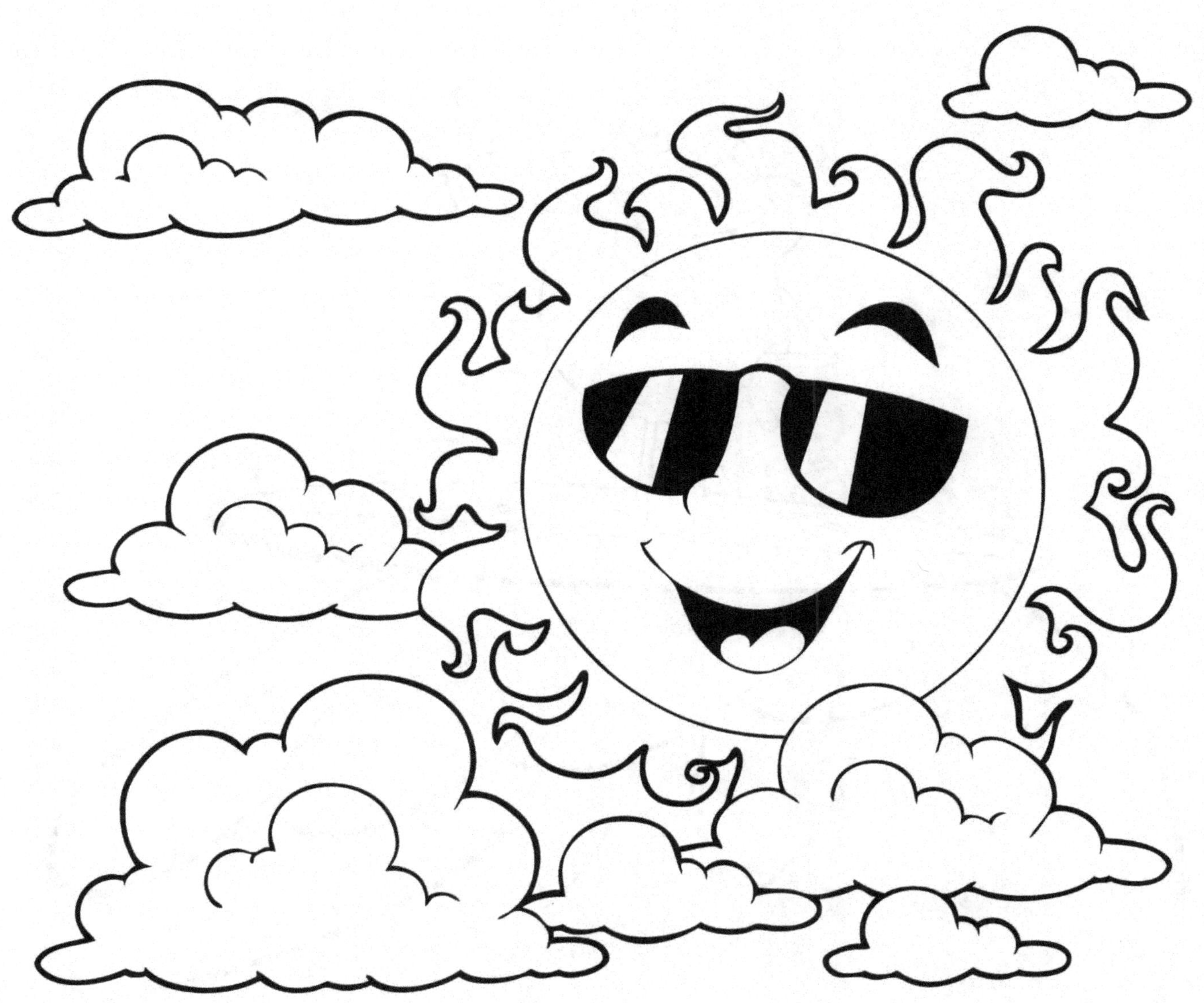

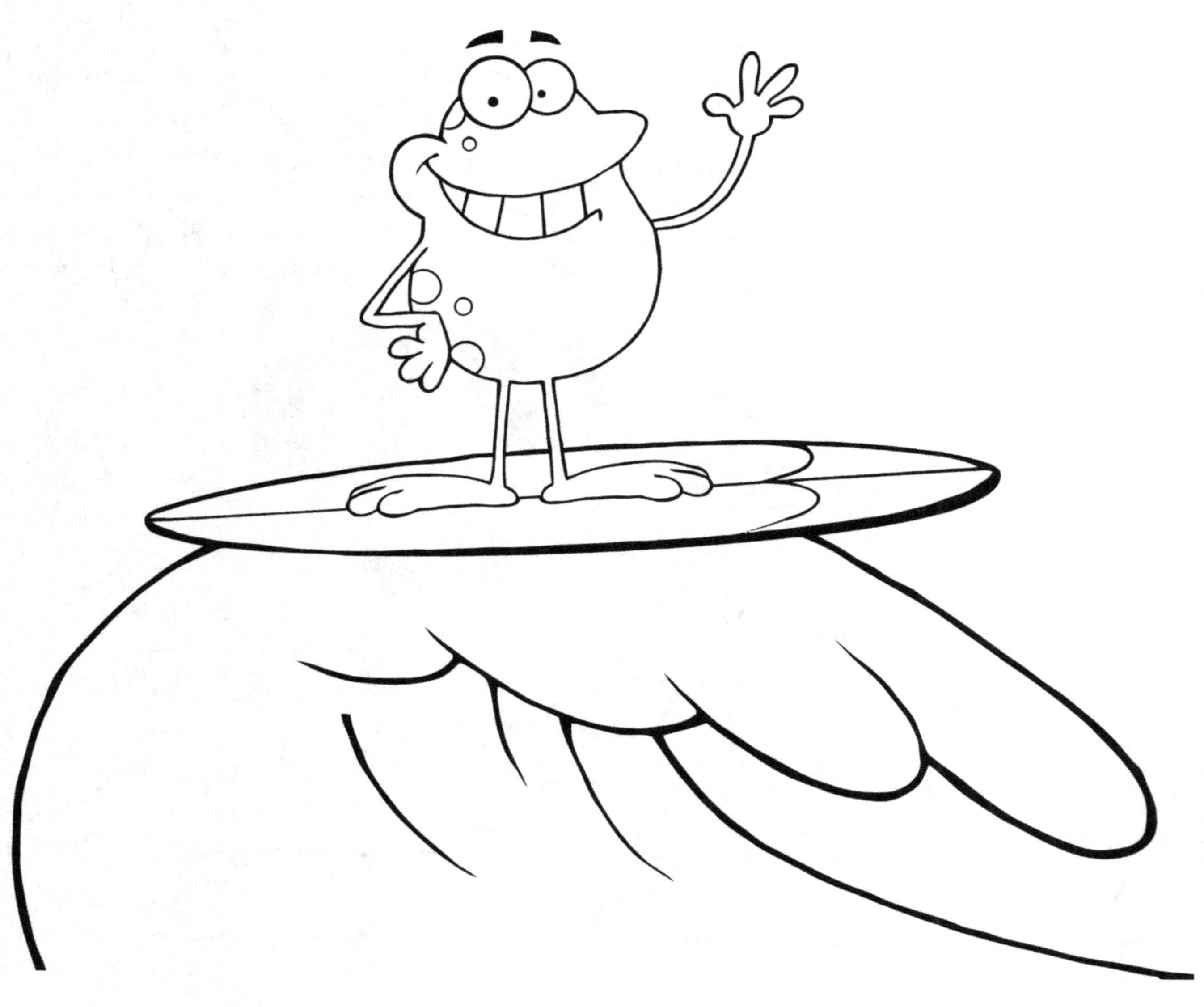

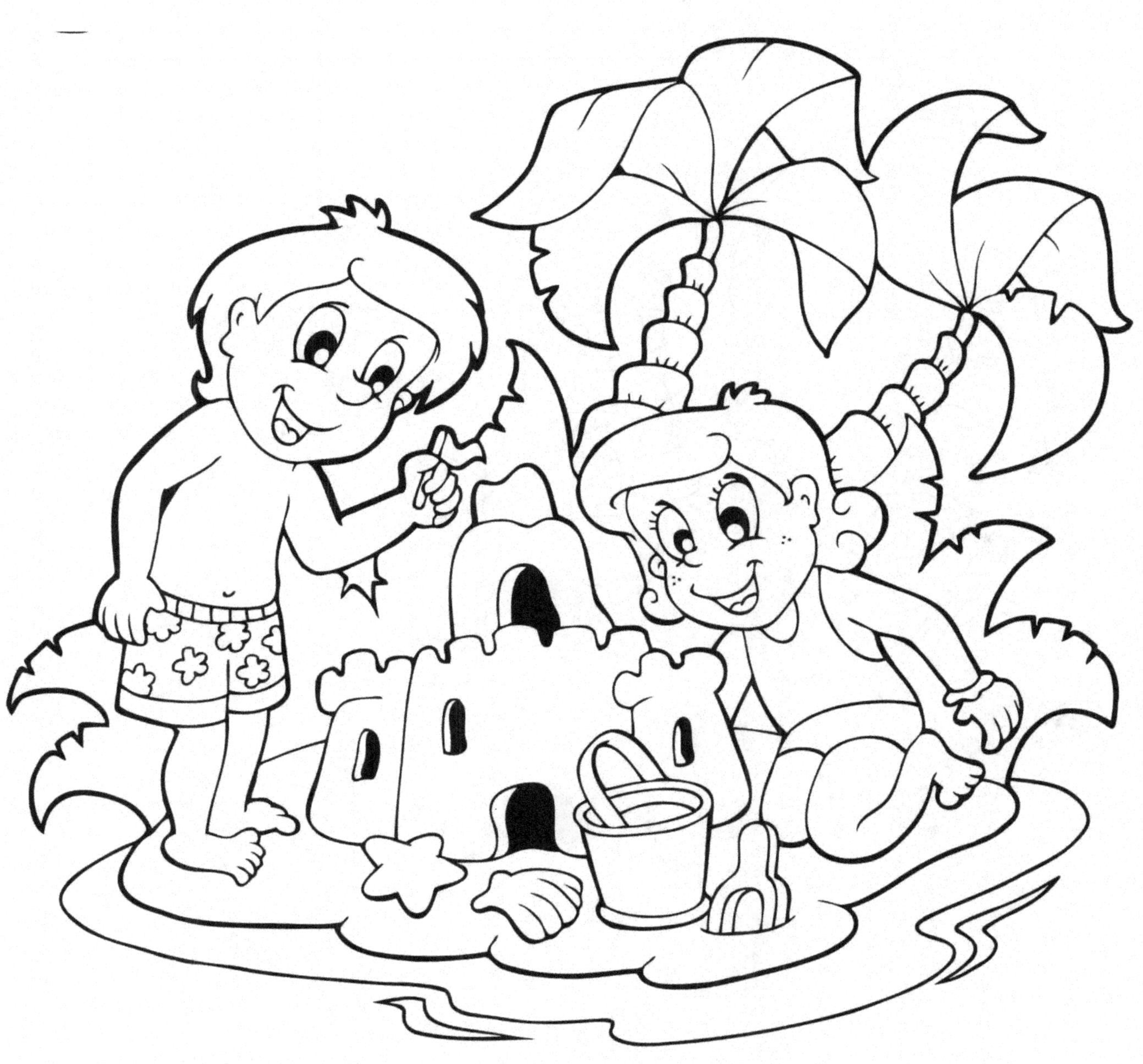

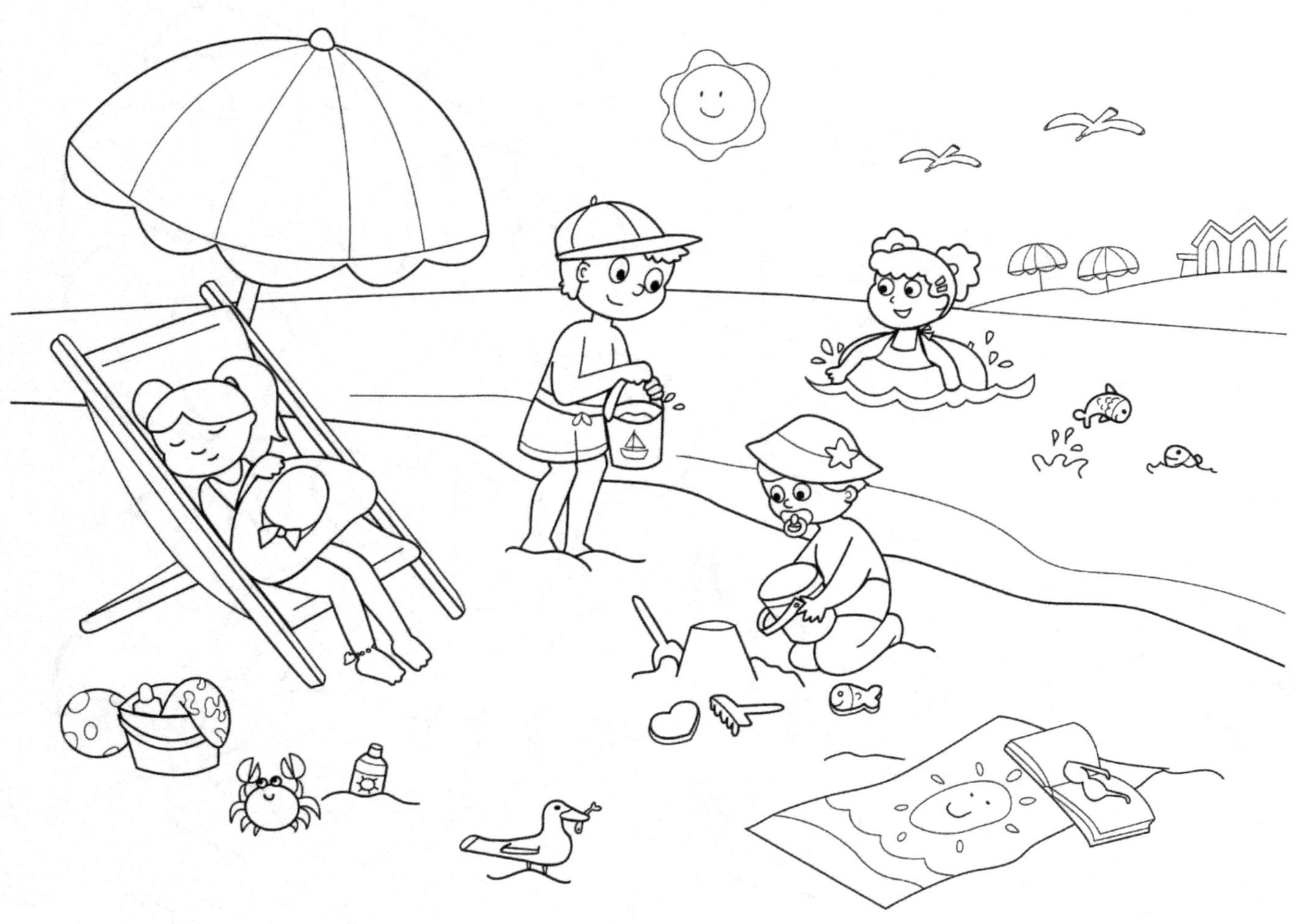

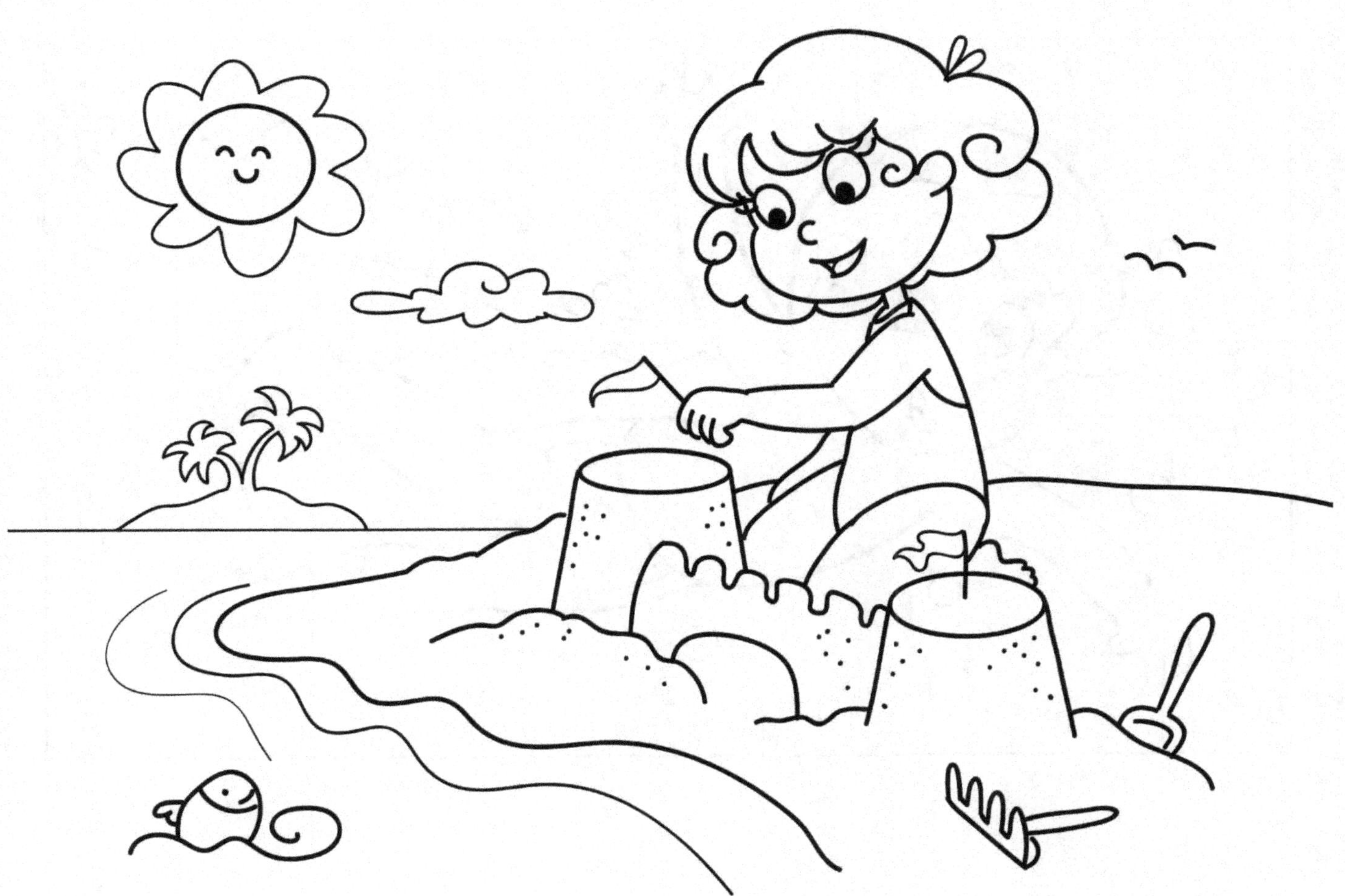

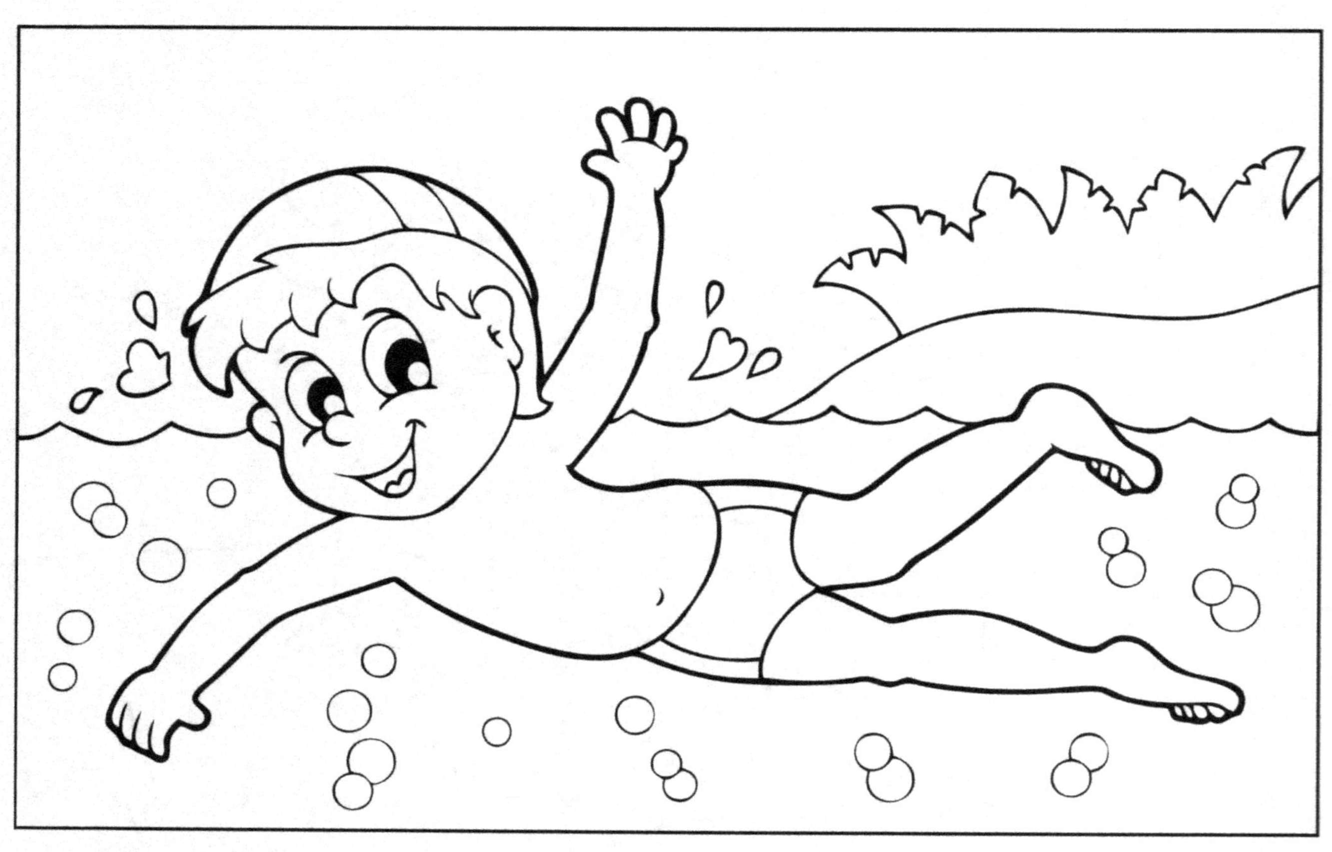

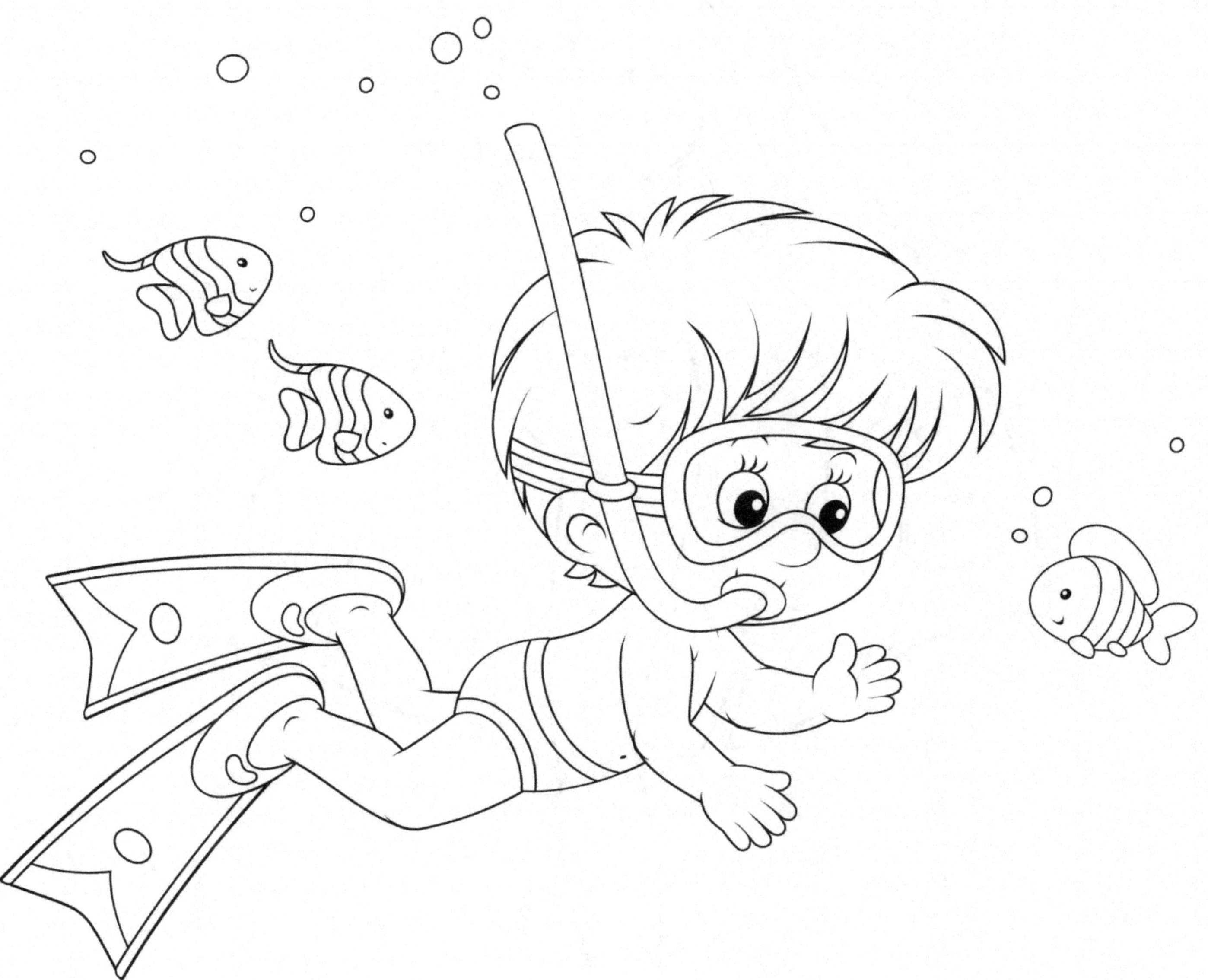

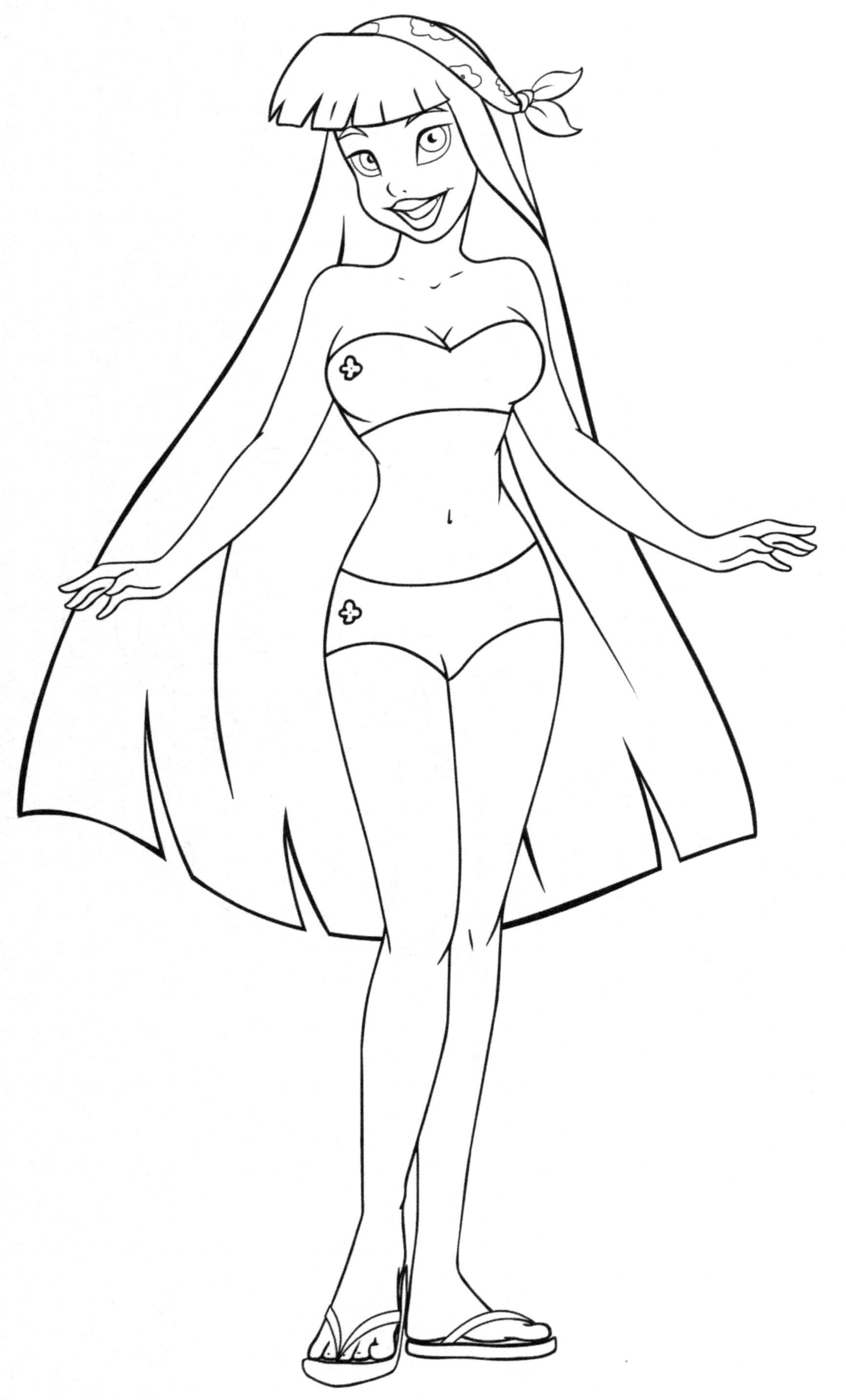

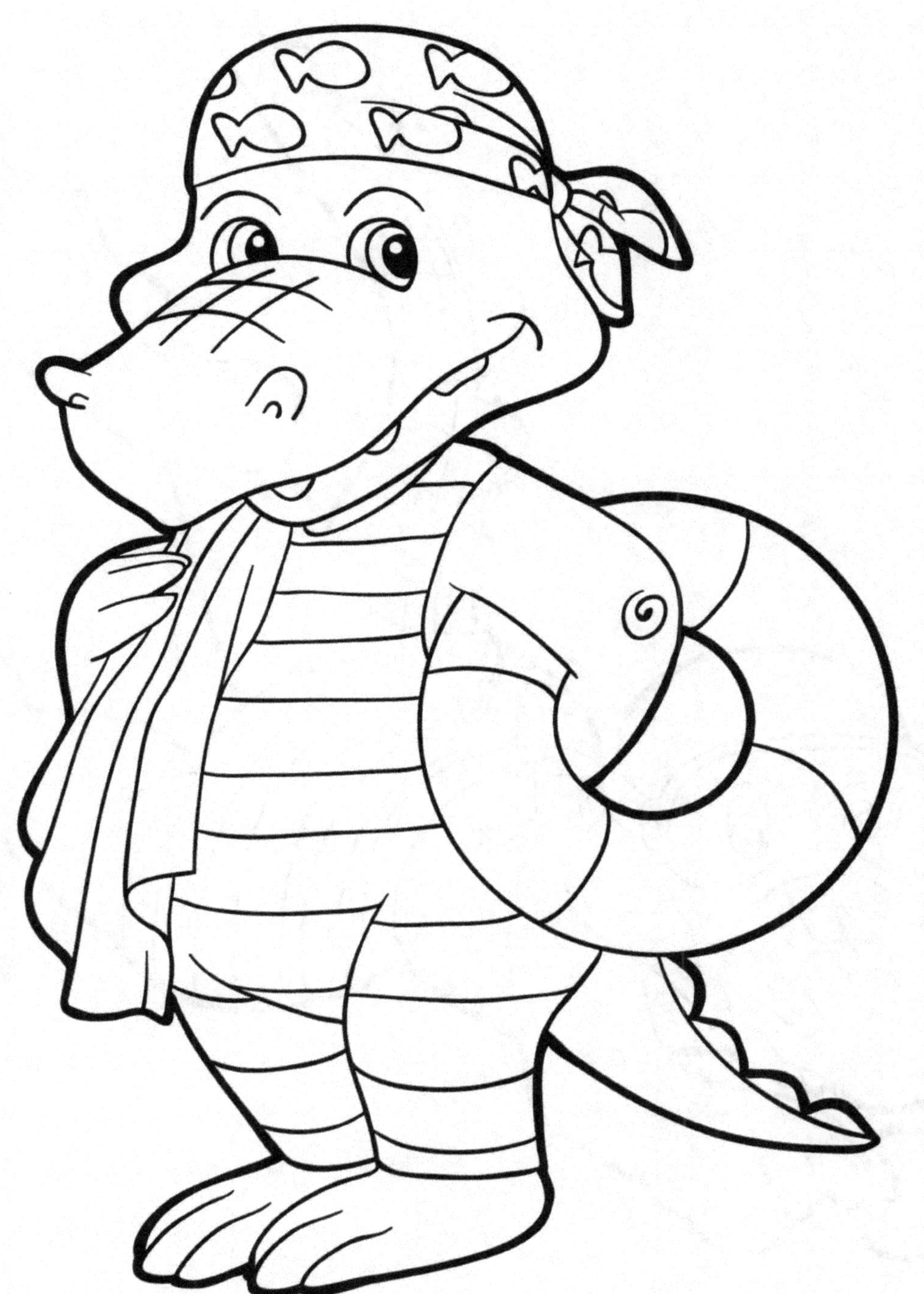

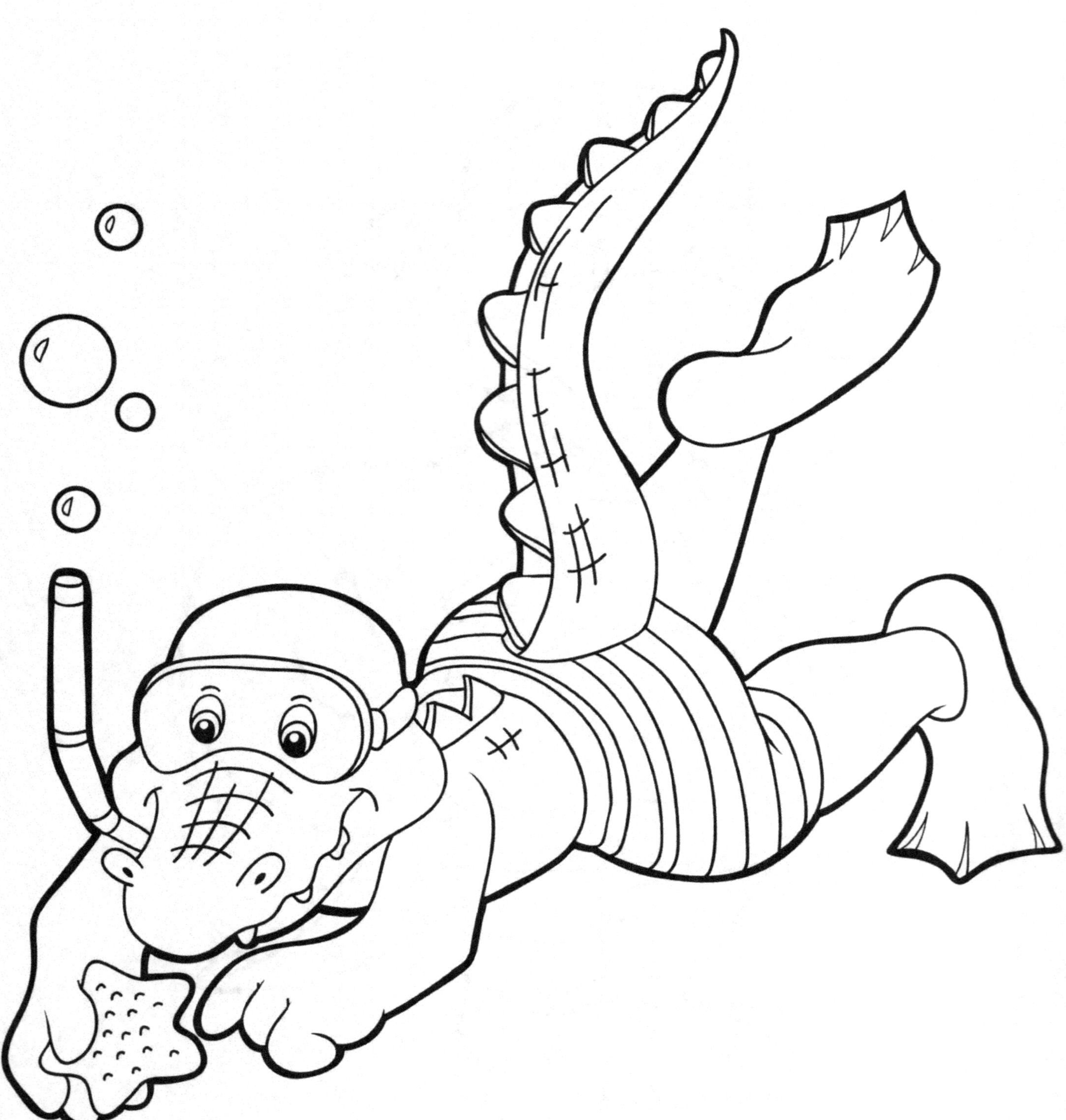

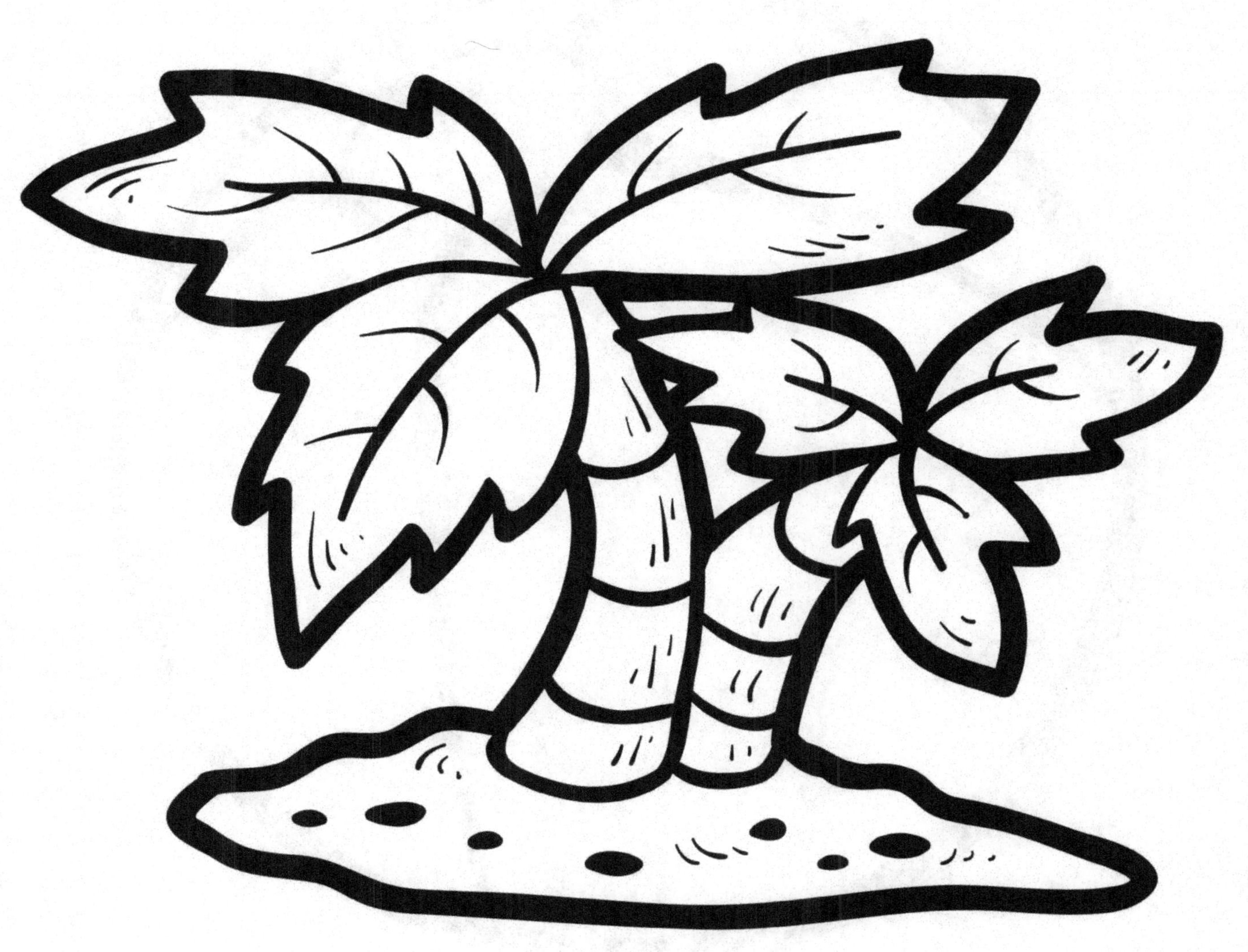

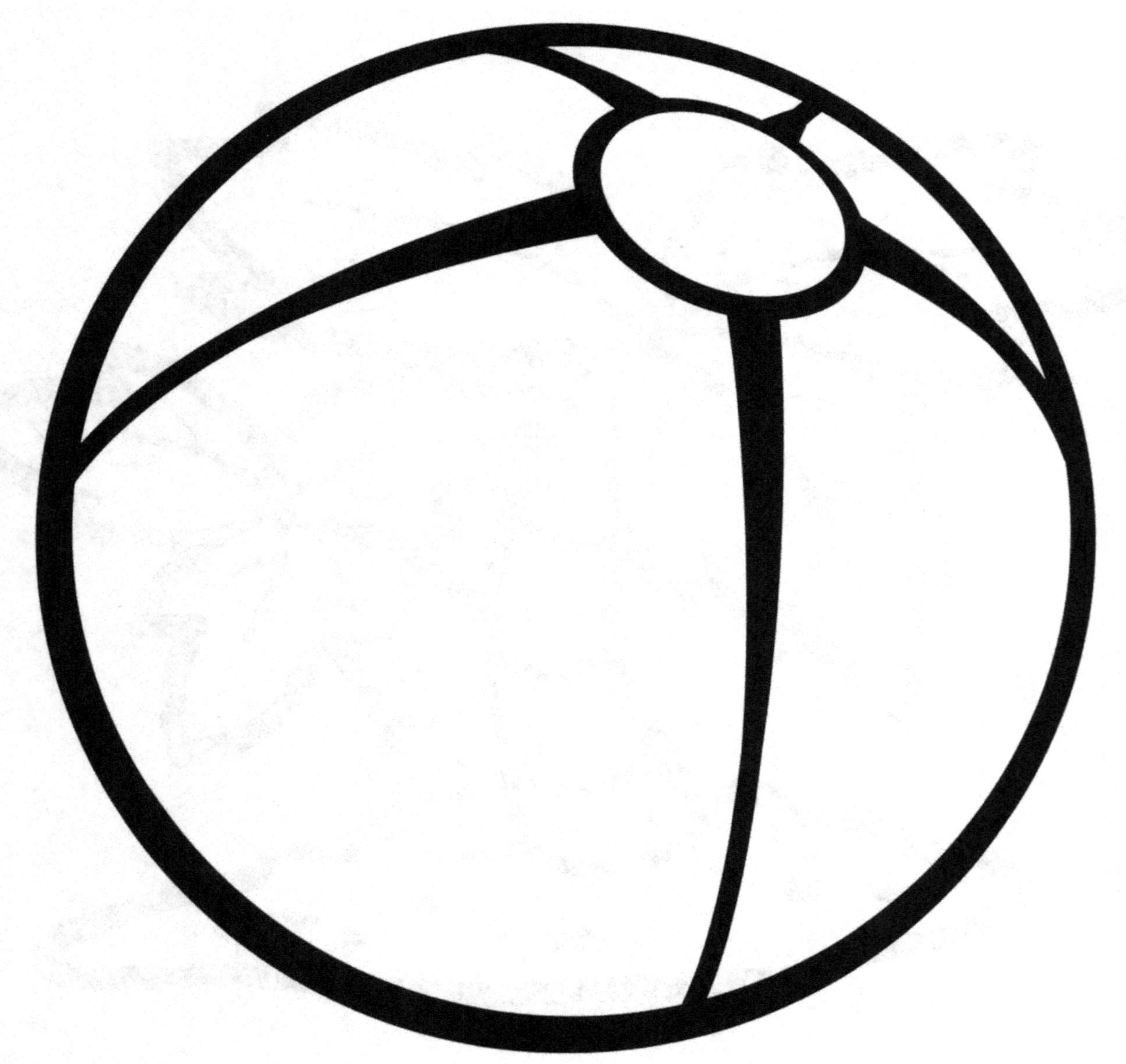

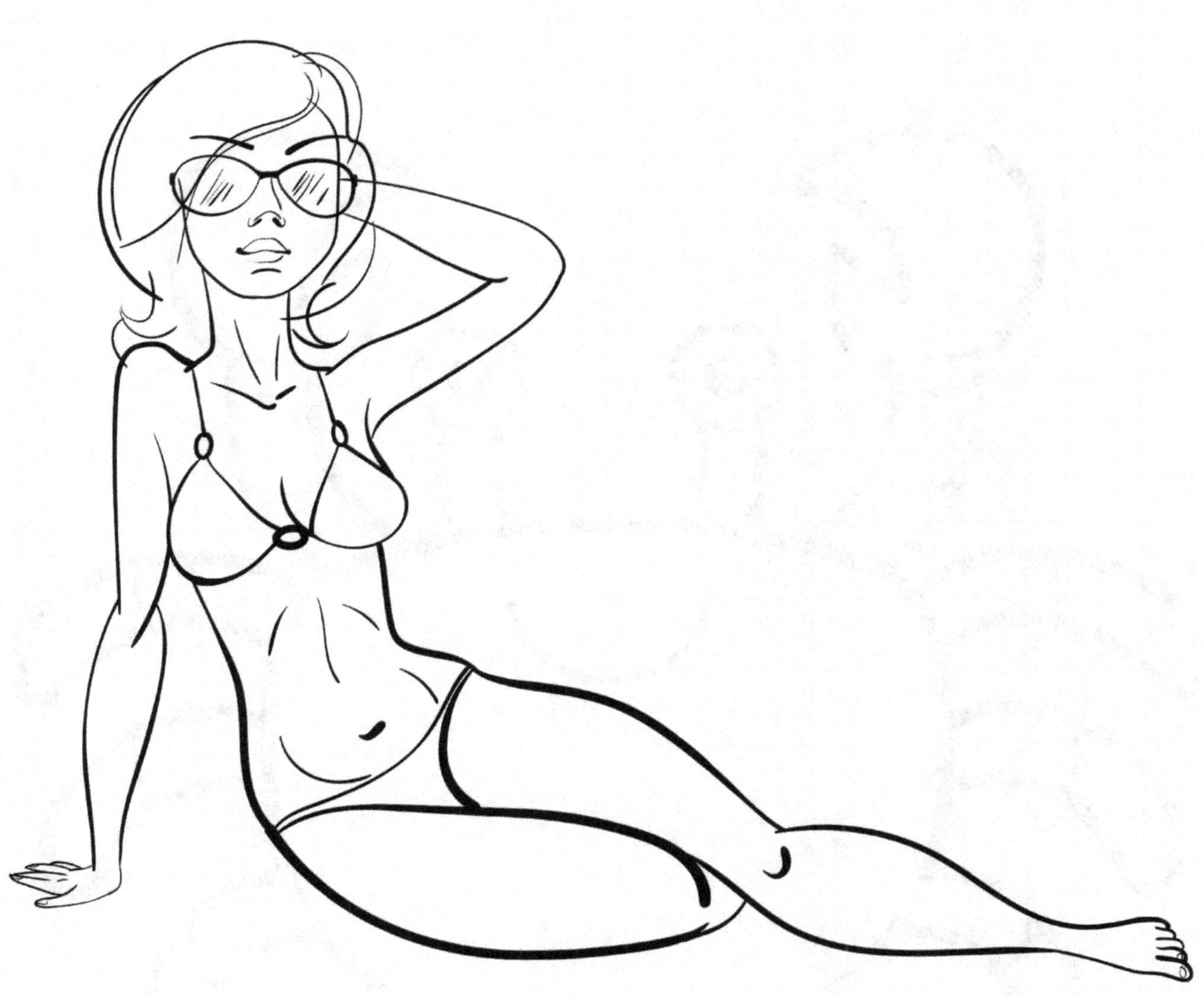

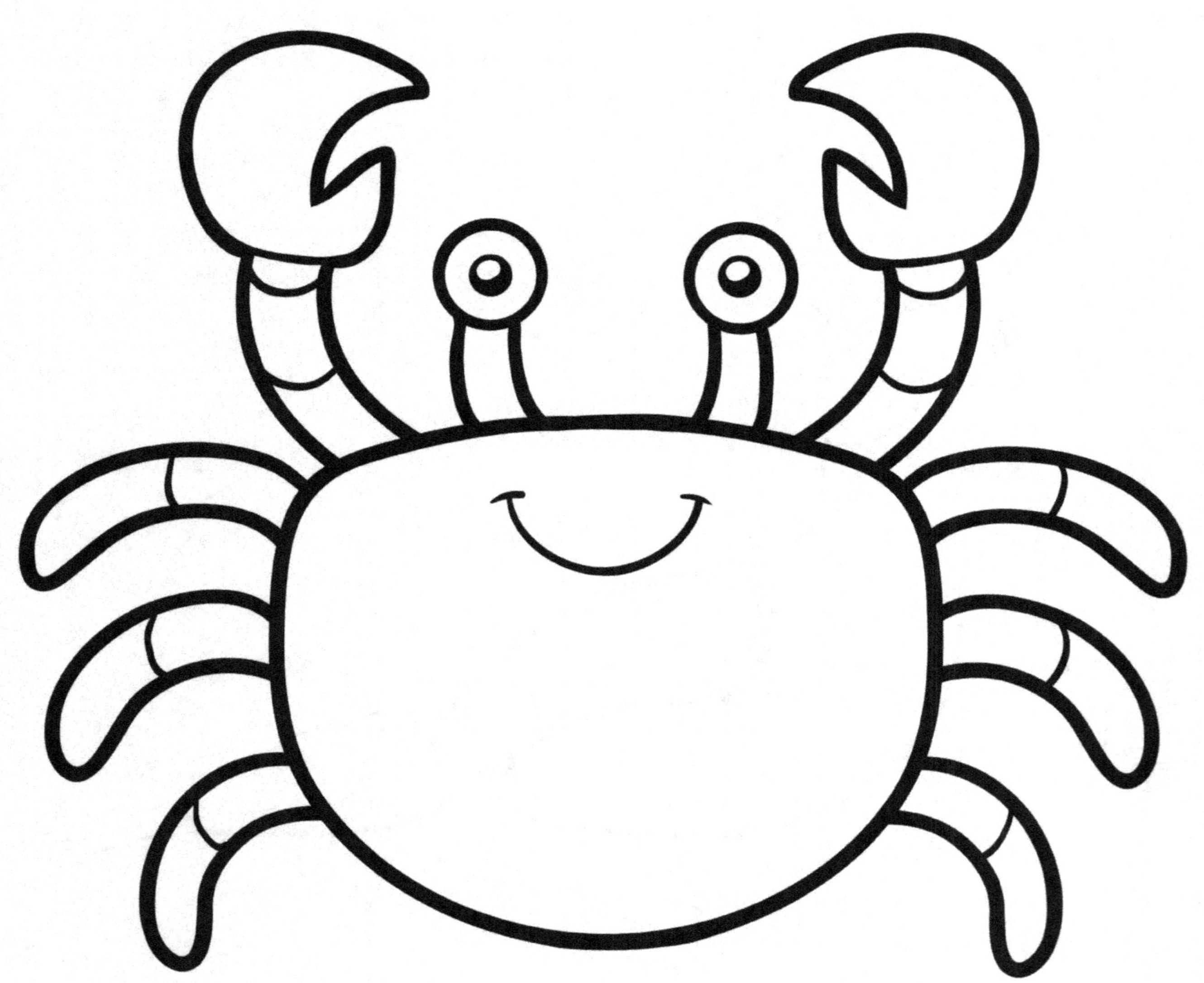

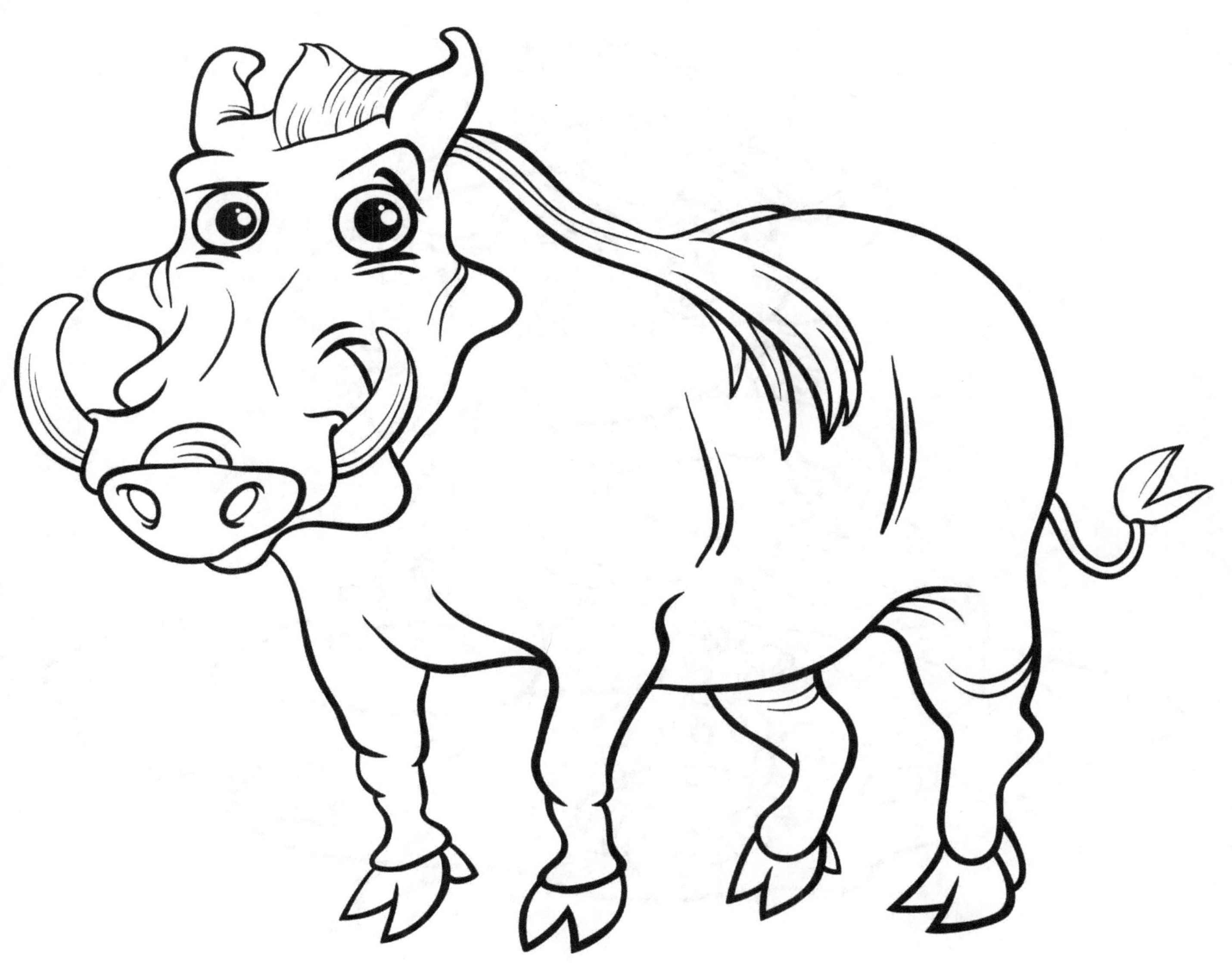

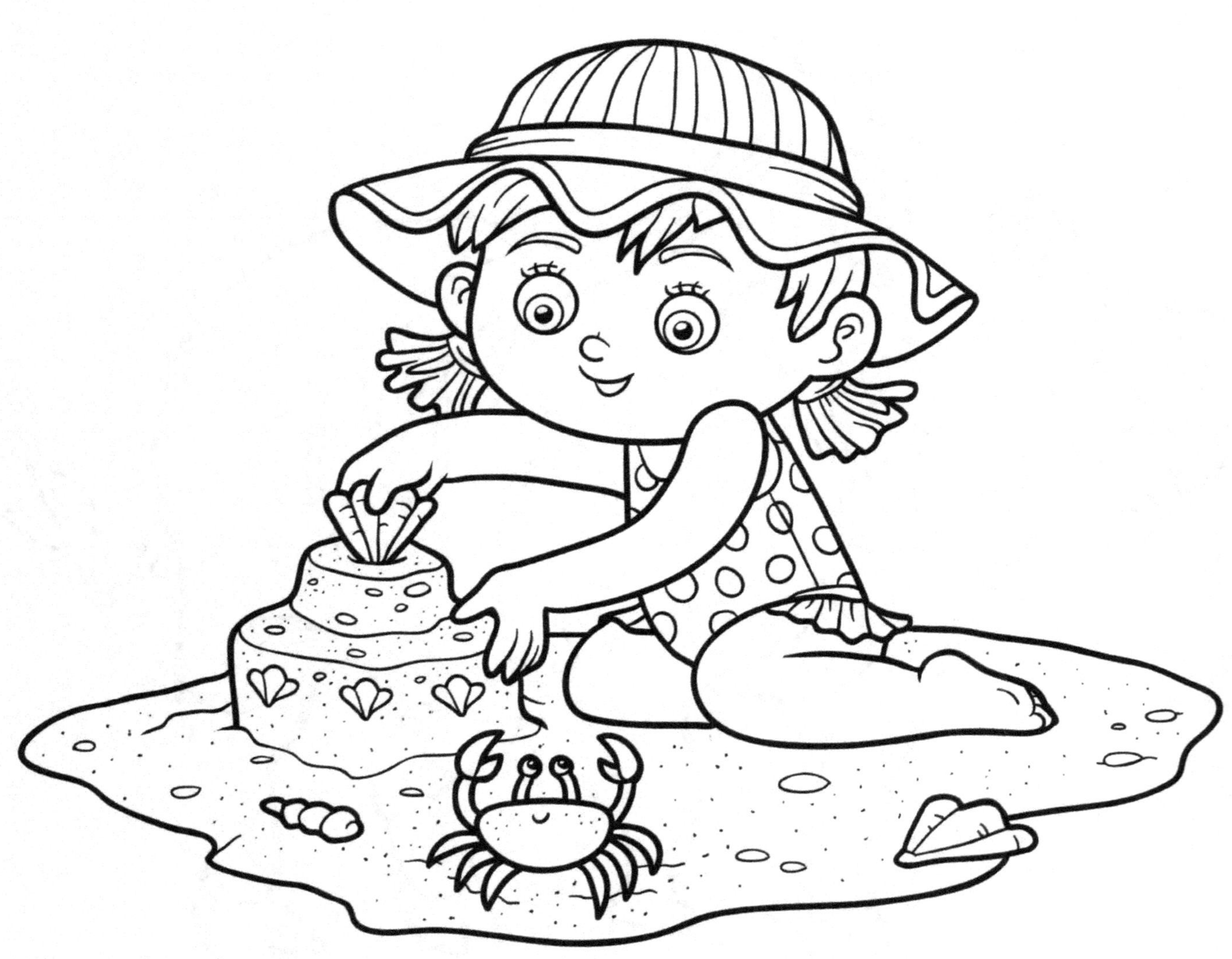

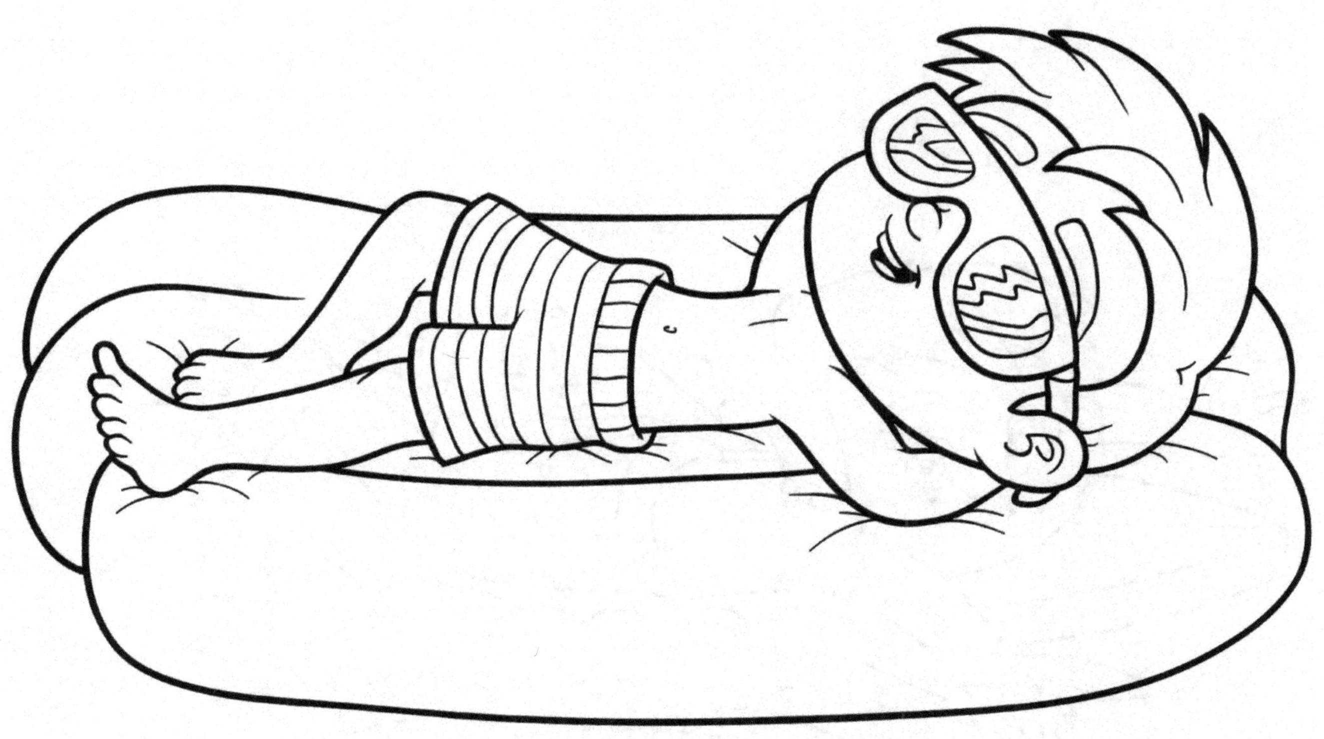

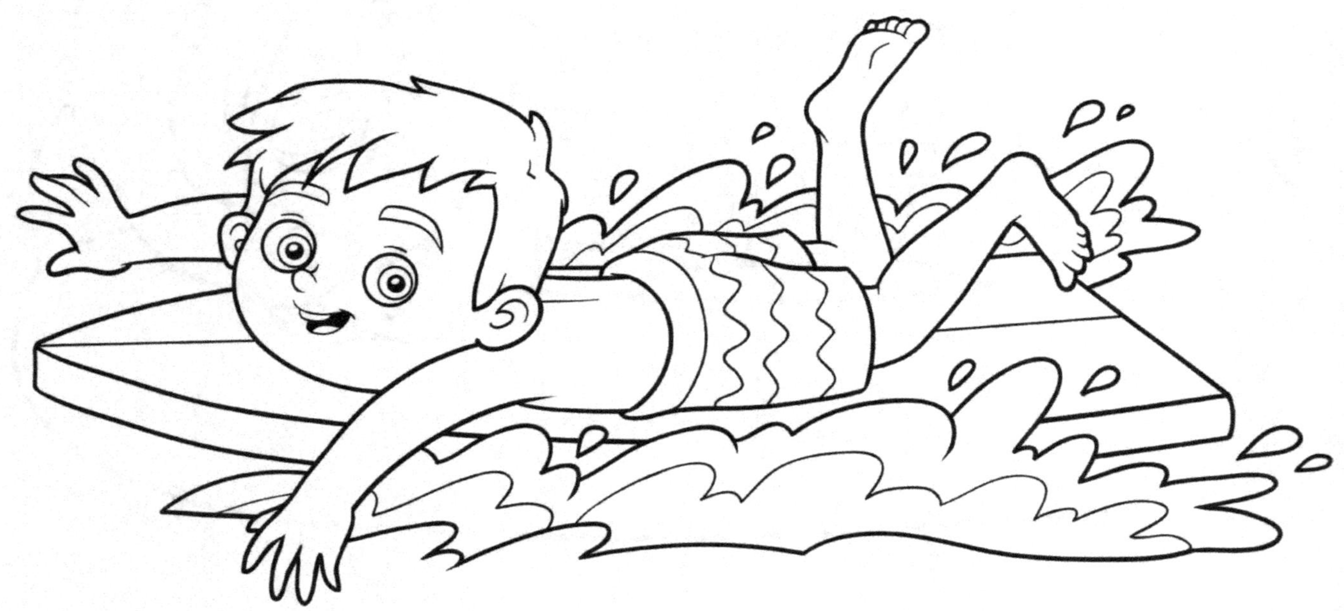

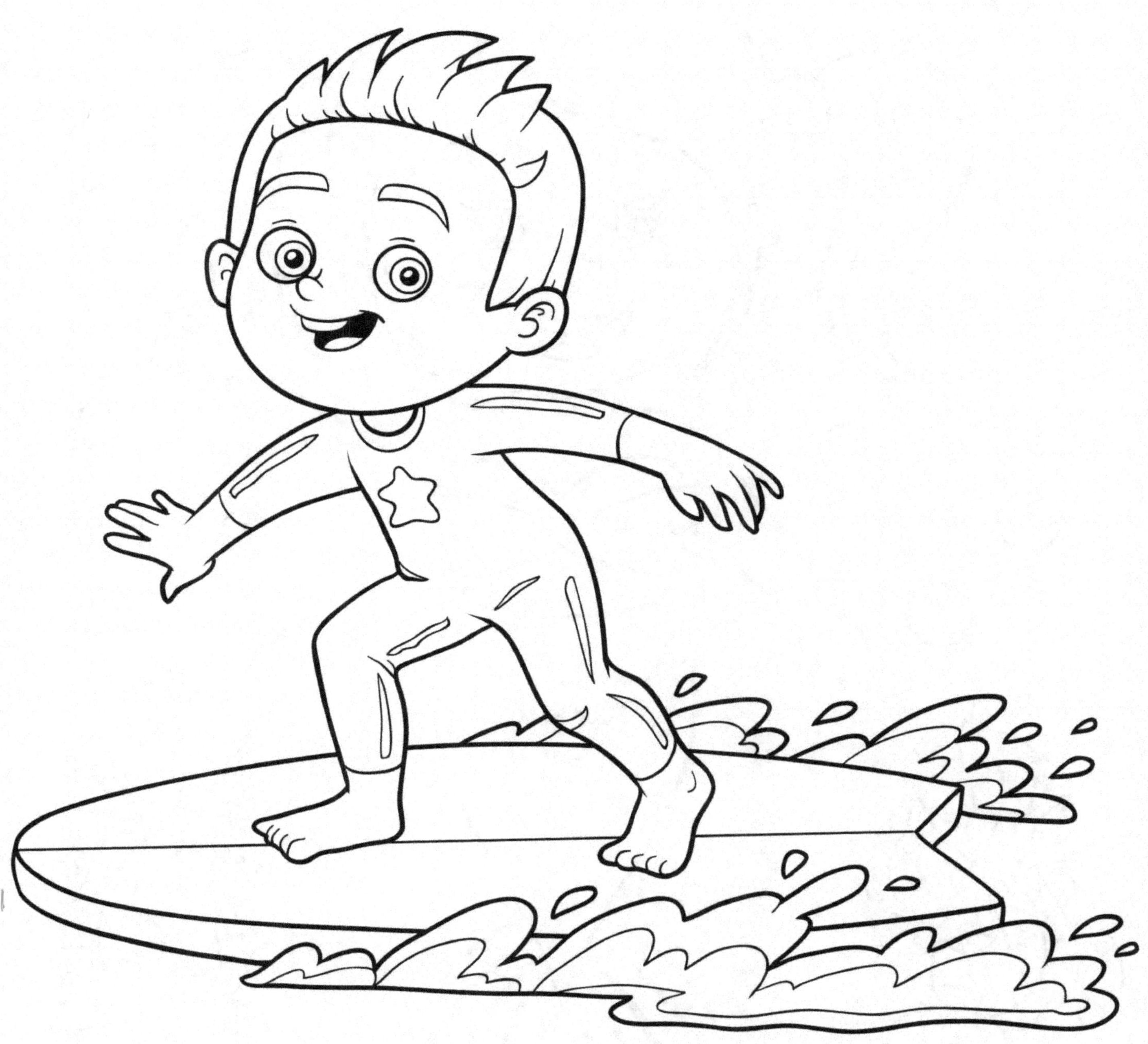

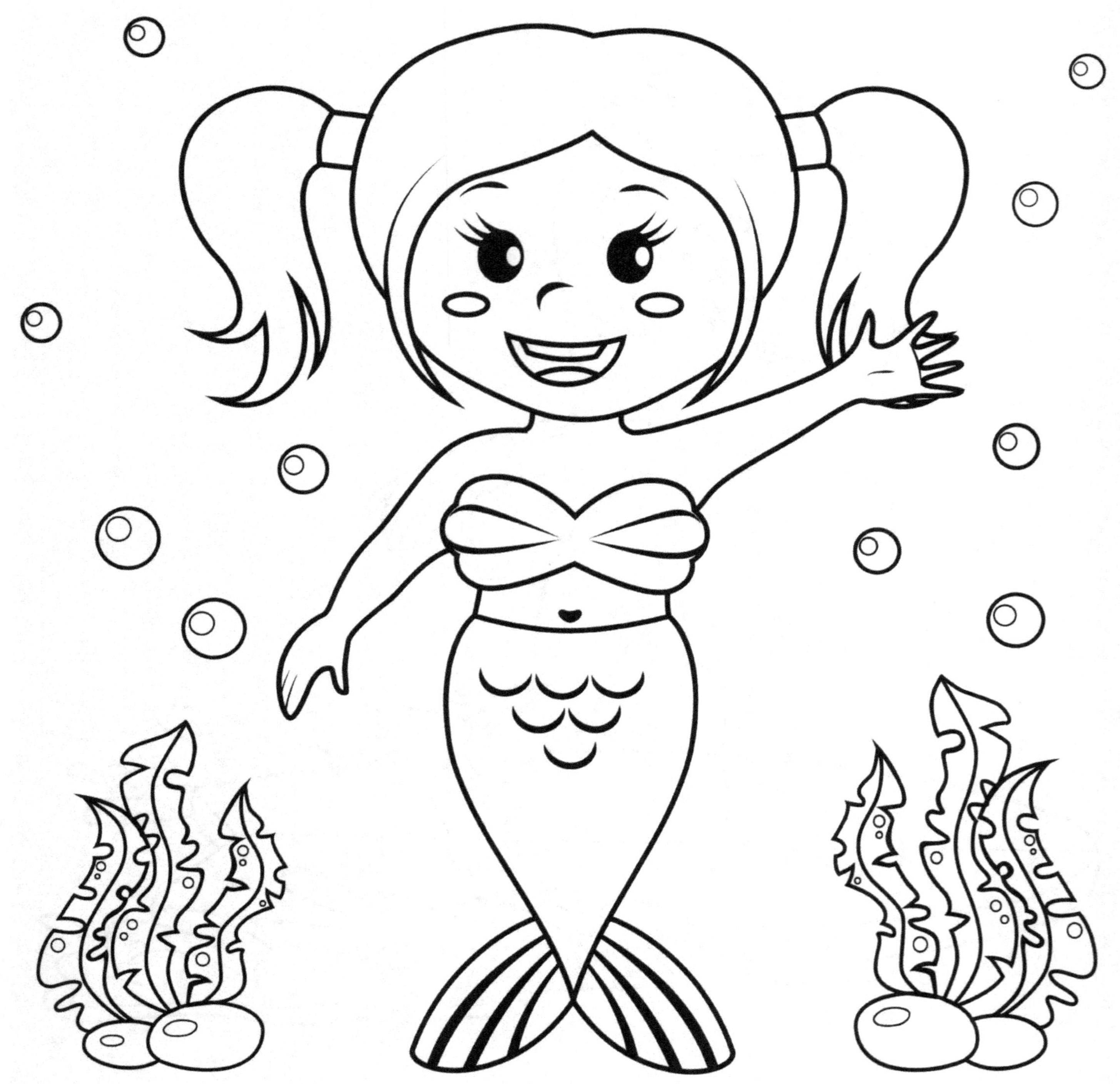